I0211675

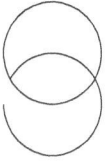

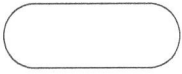

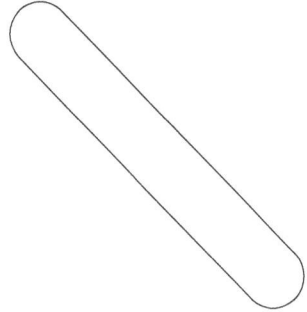

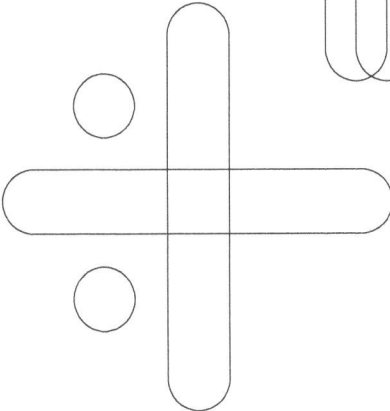

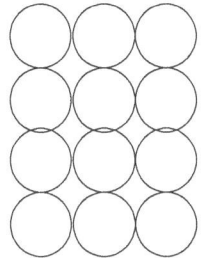

APROXIMACIONES
>>> SUCESIVAS

ESPAÑOL | ITALIANO

Lolbé González Arceo

VERSIÓN AL ITALIANO DE **: SILVIO MIGNANO**

PRÓLOGO DE **: GABRIELA KIZER**

A
*'Allitera*tion

APROXIMACIONES SUCESIVAS| LOLBÉ GONZÁLEZ ARCEO
Traducido del español por Silvio Mignano
Primera edición: junio, 2024

© Lolbé González Arceo
© Del prólogo: Gabriela Kizer
© Alliteratïon Publishing, 2024

Diseño: Elena Roosen
Portada: Andrea Martínez
Corrección: Félix García
Coordinación editorial: Amayra Velón

ISBN: 979-8-9909355-2-5

LA POTENCIA DEL ANHELO

Si bien *Aproximaciones sucesivas* reúne tres volúmenes de poemas (*Aproximaciones sucesivas, Toda la sal* y *Quiscalus Mexicanus*), la articulación que se da entre estos sostiene la íntima cohesión del libro. Esta articulación tiene que ver, pese a los distintos registros, con un tono, con la unidad de una búsqueda existencial y formal (como se lee en el veredicto del V Concurso Anual de Poesía Lugar Comun) que anima de principio a fin la escritura de Lolbé González Arceo.

En primer término, nos hallamos ante una meditación en torno al lenguaje: el nombre que no llegó a ser propio, la relación entre la realidad y las palabras con que se intenta aprehenderla, configurarla. Tal vez importe menos el objeto o fin de estas aproximaciones que el movimiento que las origina y estimula. En este sentido, el título que engloba el conjunto es acertado: acercamientos a y desde una palabra que interroga, duda y a veces es bastante escéptica. No pareciera ser la posibilidad de una revelación, de un encuentro, lo que mueve esta poesía, sino, repito, acercamientos, proximidades que avivan "la potencia del anhelo".

La escritura propicia así una introspección, desciframiento de la propia identidad, de sus vínculos y extrañezas. Lo ha dicho Lolbé en una entrevista: "A veces en el proceso de la escritura hay una voz un tanto irreconocible. En algunos casos es difícil distinguir si lo que hay que hacer es aguzar el oído y tomar nota o colocarse las manos sobre las orejas (tarará-tarará) y esperar a que se calle". En esa tensión se va tramando el tono al que aludí al comienzo y van apareciendo las imágenes, los legados familiares de la memoria. A tal punto, que su "Arte poética" es homenaje a la figura tutelar de la abuela: exploración de la filiación, del duelo, de la ausencia y la manera de contarla. También un habla sobre y a partir de la infancia y la adolescencia: desde las travesuras lingüísticas (cambiar el significado de las palabras y esconderse para ver a la hermana menor utilizarlas) hasta cierta irreverencia y desparpajo; desde el surgimiento del deseo, la sexualidad, la soledad… hasta los miedos y heridas del cuerpo femenino, sus versiones, su lugar de enunciación, la antigüedad de su pena ("toda la sal", "lágrima", "sed", "salmuera").

Seguir el rastro propio, "el renglón torcido de dios trazado sobre la espalda" es también una torcedura de la sintaxis, del curso del poema. En ciertos casos los versos se detienen y generan vacíos, elipsis… que parece que frenan el sentido (tarará-tarará) cuando en realidad lo potencian. Esto se ve además atemperado por la honestidad, el encanto y el sentido del humor que atraviesan el libro. También por cierta modulación neutra, sin lamentaciones. No hay pretensión aquí, se trata de lidiar con el peligro y la inocencia, la belleza y el absurdo de la memoria y del instante: "quizá tomar agua sea lo único que puede hacerse/ con la garantía de no provocar destrucción".

La imagen con que el libro se cierra sobre sí mismo nos devuelve a su "Arte poética" y contrapuntea el simple gesto anterior: el drama, el ritual de desmembramiento del *quiscalus mexicanus* ("esos pájaros negros que están en todos los parques") y el encuentro de la niña y la abuela: otra versión del propio cuerpo. Y lo hace como suele hilar sus piezas la poesía, veladamente, a la manera de un sueño.

GABRIELA KIZER
Caracas, 2024

APROXIMACIONES
>>> SUCESIVAS

ESPAÑOL | ITALIANO

Lolbé González Arceo

APROXIMACIONES SUCESIVAS

APPROSSIMAZIONI SUCCESSIVE

y por todas las puertas mal cerradas
conjurando o llamando ese viento alevoso de la memoria
ese disco rayado antes de usarse
teñido según el humor del tiempo

BLANCA VARELA
"Monsieur Monod no sabe cantar"

e da tutte le porte chiuse male
che congiurano o chiamano quel vento infido della memoria
quel disco già graffiato prima di essere usato
tinto a seconda dell'umore del tempo

BLANCA VARELA
"Monsieur Monod non sa cantare"

Desiré

Mia madre aveva in programma un altro nome per me
non glielo permisero
Io sarei stata Desiré
ma una sorella sua le disse
con quel nome la metteresti troppo vicino alla carne
pericolosamente prossima al peccato

così che mia madre si tenne il nome e il desiderio
riservandoseli per il successivo parto

a me rimase un nome strano scelto da mia nonna
mi rimase anche la possibilità del desiderio
che non arriva a concretizzarsi
la potenza dell'anelo.

Desiré

¿Qué tanto del deseo habita
en la palabra deseo?
ANA MARTINS MARQUES
(Trad. Sergio Ernesto Ríos)

Mi madre planeaba otro nombre para mí
no se lo permitieron
Yo iba a ser Desiré
pero una hermana suya le dijo
ese nombre es colocarla demasiado cerca de la carne
peligrosamente próxima al pecado

así que mi madre guardó el nombre y el deseo
los reservó para su siguiente parto

a mí me quedó un nombre extraño que eligió mi abuela
me quedó también la posibilidad del deseo
que no llega a concretarse
la potencia del anhelo.

Incidente geografico

Gli incidenti geografici, diceva il libro di testo, potevano essere
montagne, cordigliere, altipiani, avvallamenti. Era questa la mia
prima volta dinanzi all'improbabile unione dei due termini.
Perché incidente?, volli sapere.
    niente da aggiungere
      si dice così
incidente, per quanto io ne sappia, è qualcosa che accade senza che
                    lo vogliamo:
      versare il succo sul tavolo della prima colazione
      inciampare in una persona
      la collisione di un'auto con un'altra
ma incidente geografico *mi fece pensare*
   all'esistenza di qualcuno con un progetto
      naturalmente, un progetto senza incidenti
      gli incidenti non si programmano, è quello che dicono
               le compagnie di assicurazione

chi stava allora dietro quel progetto di fare la superficie terrestre in una
certa forma?
era Dio? gli scienziati?
"sia fatta la tua volontà così in terra come in cielo"
ripetevo ogni primo venerdì del mese   *fiduciosa*
quel giorno, davanti al libro,
seppi che nemmeno a Dio le cose riescono bene.

Accidente geográfico

Los accidentes geográficos, decía el libro de texto, podían ser
montañas, cordilleras, mesetas, hondonadas. Era esa mi
primera vez frente a la improbable unión de ambos términos.
¿Por qué *accidentes*? quise saber
        nada más
        así se dice
accidente, hasta donde yo sé, es algo que ocurre sin querer:
        derramar el jugo sobre la mesa del desayuno
        tropezar con una persona
        la colisión de un auto con otro
pero *accidente geográfico* me hizo pensar
en la existencia de alguien con un plan
    por supuesto, un plan sin accidentes
    los accidentes no se planean, es lo que dicen
            las compañías de seguros

¿quién estaba entonces detrás de ese plan de hacer la superficie
terrestre de cierta forma?
¿era Dios? ¿los científicos?
"hágase tu voluntad en la tierra como en el cielo"
repetía cada viernes primero del mes   confiada
ese día, frente al libro,
 supe que a veces a Dios tampoco le salen bien las cosas.

Una questione di consanguineità

Si potrebbe per questo effetto
per sostituire i vocaboli
ripetizione / cacofonia
usare la parola sorella?

SARA URIBE

Ti ricordi? Indicavamo ogni oggetto nel negozio di quartiere per raggiungere il consenso, in una legislazione che comprendeva solo noi due, sulle norme della proprietà privata immaginaria. Ti ricordi? Bastava un mio *pronunciato in tempo. Chi mostrava più cose si arrogava il titolo di regina della mercanzia, della merceria, del supermercato, del pantheon. Alla fine l'*adesso ce ne andiamo*. Allora perdevamo tutto per tornane a ricominciare. Ti ricordi?, ci fu un tempo quando era ancora facile ingannarti. Ti chiedevo che mi regalassi tuoi vestiti nel futuro, quando io sarei stata di nuovo piccola. Cambiavo il significato delle parole e mi nascondevo per vederti utilizzarle. Di quel che segue non ti ricorderai, dicono che la memoria si costruisca con il linguaggio e tu eri troppo nuova in questo mondo. Di questo non ti ricorderai, confesso, ma traccia una linea con un pennarello verde oceano sul divano. Verde stetti qui e volli vedere che cosa succedeva. Verde verificai che l'inchiostro non si cancella facilmente dalla stoffa. Verde adesso non tossico. Da allora il colore del pentimento. Aggiunsi una curva perché sembrasse un due, quella settimana tu avevi visto i numeri a scuola e così fu più facile darti la colpa. Non so se ti ricordi, ma non compresi mai il tuo sforzo di rimanere seduta vicino alla porta mentre loro discutevano. Il bisogno di ascoltare con chiarezza ogni parola per poi piangerla da sola. Di prender nota per una sofferenza documentata. Ti ricordi?, ci minacciavano di mandarci l'una in Cina e l'altra in Russia, perché non potessimo più litigare. Ma la nostra ignoranza della geografia e delle distanze ci fece guardare alla sentenza come chi vede che piove ma non si bagna.*

Una cuestión de consanguinidad

¿Se podría para este efecto
para sustituir los vocablos
repetición / cacofonía
usar la palabra hermana?

SARA URIBE

¿Te acuerdas? Señalábamos cada objeto de la tienda departamental a fin de pactar, en una legislación que solo nos abarcaba a nosotras dos, las normas de la propiedad privada imaginaria. ¿Te acuerdas? Bastaba un *mío* pronunciado a tiempo. Quien mostraba más cosas se ufanaba reina de la mercancía, de la mercería, del supermercado, del panteón. A lo lejos el *ya nos vamos*. Entonces lo perdíamos todo para volver a empezar. ¿Te acuerdas?, hubo un tiempo en el que todavía era fácil engañarte. Te pedía que me regalaras tus vestidos en el futuro, cuando yo fuera pequeña otra vez. Cambiaba el significado de las palabras y me escondía para verte utilizarlas. De lo que sigue no te acordarás, dicen que la memoria se construye con lenguaje y tú eras demasiado nueva en el mundo. De esto no te acordarás, confieso, pero tracé una línea con plumón verde océano en el sofá. Verde estuve aquí y quería ver qué pasaba. Verde comprobé que la tinta no se borra de la tela con facilidad. Verde ahora no tóxico. El color del arrepentimiento desde entonces. Añadí una curva para hacerlo parecer un dos, esa semana tú habías visto los números en la escuela y así fue más sencillo culparte. No sé si te acuerdes, pero jamás comprendí tu afán de quedarte sentada junto a la puerta mientras ellos discutían. La necesidad de escuchar con claridad cada palabra a fin de llorarla después a solas. De tomar registro para el sufrimiento documentado ¿Te acuerdas?, nos amenazaban con enviar a una a China y a la otra a Rusia, para que nunca volviéramos a discutir. Pero nuestro desconocimiento de geografía y de distancias nos hizo mirar la sentencia como quien ve llover y no se moja.

Curva scoliotica l2-l4

Nella ricerca della forma
mi si è distratto il corpo
ELISA DÍAZ CASTELO

I

Ecco qui la forma nella quale ti distinguerai dal resto: La linea storta di dio tracciata sulla schiena. Ovvero, una sezione della colonna manifesterà il suo scontento. Sarà questo il primo difetto osservabile in controluce in una radiografia del torace. Sappiti diversa.

II

L'ordine sarà correggere:
fasce, cinture, corsetti, plantari,
lezioni di nuoto, lettino ortopedico,
scarpe speciali.

III

Lei ti guarderà con tristezza «di certo l'hai ereditata da tuo padre» implicito reclamo / tacito desiderio di essere ancora in tempo per risolvere una scelta precedente. Tutta l'energia materna concentrata sull'emendare l'albero che cresce ritorto.

Curva escoliótica 12-14

En la búsqueda de la forma
se me distrajo el cuerpo
ELISA DÍAZ CASTELO

I

He aquí la forma en la que te distinguirás del resto: El renglón torcido de dios trazado sobre la espalda. O bien, una sección de la columna manifestará su descontento. Será este el primer fallo observable a contraluz en una radiografía de tórax. Sábete distinta.

II

La consigna será corregir:
fajas, cinturones, corsés, plantillas,
clases de natación, cama ortopédica,
zapatos especiales.

III

Ella te mirará con tristeza «seguro se lo heredaste a tu padre» implícito reclamo / tácito deseo, de estar a tiempo de resolver una elección anterior. Toda la energía materna concentrada en enmendar el árbol que crece torcido.

IV

Viaggeranno lontano, a un ospedale specializzato nelle colonne:
bambini dalle gambe cortissime / spine dorsali arco teso di una freccia
senza direzione / mani insorte / torcicollo perpetuo.

Dinanzi alla sensazione di vaticinio — le braccia attorno al volto in un
goffo simulacro del sonno —, erigerai una frontiera provvisoria per la-
sciar uscire un pianto di terrore discreto.
Fragile equilibrio tra la rabbia e la compostezza.

V

L'uomo guarda, palpa, dà piccoli colpi.
Le sue dita zampe di ragno che seguono la pista del difetto.
Ti fa male qui? Sì / Ti fa male qui? No.
Di nuovo nella sala dei raggi x.
oscura fotografia del silenzio del corpo
  qual è la risposta corretta?
  Quando glielo dico non respiri.
La testa allineata, per favore.
Tra poco, un ritratto
nel quale è inutile il sorriso
come strumento di distrazione.
Ma mia madre sta guardando, dottore,
e io ho bisogno almeno di una pista.

IV

Viajarán lejos, a un hospital especializado en columnas:
niños de piernas cortísimas / espinas dorsales tenso arco de una
flecha sin rumbo / manos insurrectas / tortícolis perpetua.
Ante la sensación de vaticinio —los brazos alrededor del rostro
en torpe simulacro del sueño—, construirás una provisional
frontera para dejar salir un llanto de terror discreto.
Frágil equilibrio entre la rabia y la compostura.

V

El hombre mira, palpa, da pequeños golpes.
Sus dedos patas de araña siguiéndole la pista al defecto.
¿Te duele aquí? Sí / ¿Te duele aquí? No.
De nuevo a la sala de rayos equis
oscura fotografía del silencio del cuerpo
¿cuál es la respuesta correcta?
  Cuando yo le diga no respire.
Su cabeza alineada, por favor.
En breve, un retrato
en el que inútil la sonrisa
como método distractor.
Pero mi madre está mirando, doctor,
y yo necesito al menos una pista.

Ritiro spirituale

di preferenza bisognava piangere
dopo la confessione
ma non era un requisito

ascoltavamo canzoni
che non passavano mai alla radio
«nessuno ti ama come me»
diceva un cantante passandosi per dio

duemila anni di colpa
che cadevano su venti adolescenti
un'aritmetica che non ammetteva divisioni

tutti avevamo mentito
alcuni avevano provato droghe
molte di noi andavano a letto con i fidanzati
ma uccidere Dio
è un delitto che non si prescrive

ogni peccato che commetti, ci dicevano:
    se non vuoi studiare geografia
    se guardi con lussuria il ragazzo della terza bi
    se dici che vai al cinema e invece vai a una festa

    se non vai a dormire presto
    se fai scivolare la mano sotto i vestiti
    se pensi con desiderio a quello della terza bi
    se mano e desiderio cavalli sguaiati
    se inventi scenari con disperazione
    se per tre secondi   o cinque
    daresti un dito per accorciare la distanza tra casa tua e quella
                di quello della terza

Retiro espiritual

de preferencia había que llorar
después de la confesión
pero no era un requisito

escuchábamos canciones
que nunca pasaban en la radio
«nadie te ama como yo»
decía un cantante a título de dios

dos mil años de culpa
cayendo sobre veinte adolescentes
una aritmética que no admitía divisiones

todos habíamos mentido
algunos habían probado drogas
muchas nos acostábamos con nuestros novios
pero matar a Dios
es un delito que no prescribe

cada pecado que cometes, nos dijeron:
    si no quieres estudiar geografía
    si miras con lujuria al chico de tercero be
    si dices que vas al cine, pero vas a una fiesta

    si no te duermes temprano
    si deslizas la mano debajo de tu ropa
    si piensas con deseo en el de tercero be
    si mano y deseo caballos desbocados
    si inventas escenarios con desesperación
    si por tres segundos   o cinco
    darías un dedo para acortar las distancias entre tu casa
                    y la del de tercero

poi non più, per fortuna
quello della terza lontano
le falangi al loro posto

ogni peccato che commetti, dissero, è una spina
una ferita al signore nostro dio

le chiamavamo ritiri queste occasioni di clausura
brevi assaggi dell'inferno
nei quali eravamo isolati dal mondo
scuola del pentimento
allenamento alla rassegnazione
rafforzamento della quiete

después ya no, por fortuna
el de tercero lejos
las falanges en su sitio

cada pecado que cometes, dijeron, es una espina
una herida al señor nuestro dios

le llamábamos retiro a esas ocasiones de encierro
breves ensayos del infierno
en que éramos aislados del mundo
escuela del arrepentimiento
entrenamiento de la resignación
fortalecimiento del sosiego

Arte poetica

Questa poesia non è atro che la possibilità di tornare
non sui propri passi ma sull'istante

se tornassi potrei verificare
perché il pavimento della cucina era sempre così sporco

saprei già da ora quali cose tue sarebbero rimaste
come mobilia permanente della memoria:
la tua pentola con il fondo ammaccato,
il quadro con le ombre dei cavalli alla parete
  un profumo con la bottiglia a forma di cigno

non condividiamo i cognomi
perché il nome delle donne
cede il passo a quelli di sposo e padre

nonna, perché non mi hai lasciato un oggetto anche piccolo per
ricordarti?

mi resta solo un gesto all'ora della siesta:
supine con il braccio sugli occhi

come dive del cinema antico
che rimpiangono un amore che non esiste più
ma nessuno guarda quando dormo il pomeriggio

questa poesia è un modo per dire al mondo che ci apparteniamo.

Arte poética

Este poema no es más que la posibilidad de volver
no sobre los pasos sino sobre el instante

si volviera podría averiguar
por qué el piso de la cocina estaba siempre tan sucio

ya sabría ahora qué cosas tuyas se iban a quedar
como mobiliario permanente de la memoria:
tu cazuela con el fondo pandeado,
el cuadro de sombras de caballos de la pared
          un perfume cuya botella tenía forma de cisne

no compartimos apellido
porque el nombre de las mujeres
cede el paso a los de esposos y padres

¿abuela, por qué no me dejaste un objeto pequeño para
recordarte?

sólo me queda un gesto al tomar la siesta:
boca arriba con el brazo sobre los ojos

como divas de cine antiguo
lamentando un amor que ya no está
pero nadie mira cuando duermo por las tardes

este poema es una forma de decirle al mundo que nos
                              pertenecimos.

Nonna

Mai più
il tuo nome
al vocativo

in questa impossibilità della lingua
altra forma del dolore.

Abuela

Nunca más
tu nombre
en vocativo

en esa imposibilidad del lenguaje
otra forma del dolor.

Arteriosclerosi

Mia nonna utilizzava la parola arteriosclerosi *per spaventarci
per avvertirci
per tenerci lontane dalla scatola gialla del sale da cucina*

*Ci inoculava in questo modo la precauzione
settenaria maniera di dire: questo è pericoloso
perfino se ti nascondessi
se la tua mano destra non dovesse sapere
quel che fa la mano sinistra
i tuoi valori sistolici e diastolici lo saprebbero.*

Arterioesclerosis

Mi abuela utilizaba la palabra *arterioesclerosis* para asustarnos
para advertirnos
para mantenernos lejos del amarillo bote de sal de la cocina

Nos inoculaba de esa forma la precaución
heptasílaba manera de decir: eso de allá es peligroso
incluso cuando te escondas
cuando tu mano derecha no sepa
lo que hace la mano izquierda
tus valores sistólicos y diastólicos lo saben.

Anguria

Penso a quei giorni come se ricordassi una foto
i segreti che le mosche custodiscono tra le zampette
l'azzurro tornasolato delle loro ali multicolori
Gli occhi che ci vedono e non discernono
la proboscide?
che assorbe l'ultima traccia di anguria dissanguata sulla tavola
in un sacrificio felice.

Perché c'eri tu
e c'eravamo noi
indifferenti al mondo
quei pomeriggi
con l'unica preoccupazione
di sputare in tempo i semini della frutta
e avere un'altra fetta
e un'altra.

Sandía

Pienso en esos días como si recordara una foto
los secretos que las moscas guardan entre sus patas
el azul tornasolado de sus alas multicolor
Los ojos que nos ven y no se enteran
la ¿trompa?
absorbiendo el último rastro de sandía desangrada sobre la mesa
en un sacrificio feliz.

Porque estabas tú
y estábamos nosotras
indiferentes al mundo
esas tardes
con la única preocupación
escupir a tiempo las pepitas de la fruta
y tener otra rebanada
y otra.

Gallina cronos

Bisogna aver paura della gallina che distrugge le proprie uova
 diceva mia nonna
 era un avviso sull'irreversibilità della trasgressione
 la sfacciataggine di andare contro natura
non c'è più rimedio, ci diceva
 una volta che la catastrofe del becco che perfora il guscio
 una volta che la vischiosa disobbedienza da ogni lato.
Nemmeno tagliandole il becco
 il coltello
 la pentola d'acqua bollente
 come unico possibile destino per l'animale
Non ti nutrirai del frutto del ventre tuo, gallina cronos
 piumato essere
in autosufficiente solipsismo.

Gallina cronos

Hay que temer a la gallina que destroza sus huevos
    decía mi abuela
    era una advertencia sobre lo irreversible de transgredir
    la osadía de ir contra natura
no hay más remedio, nos decía
    una vez que la catástrofe del pico horadando el cascarón
    una vez que la viscosa desobediencia por todos lados.
Ni que le cortes el pico
    el cuchillo
    la olla con agua hirviendo
    como único destino posible para ese animal
No te comerás el fruto de tu vientre, gallina cronos
    emplumado ser
en autosustentable solipsismo.

Apprendista sirena

imparai ad accomodare il corpo
perché da lontano
e con la bruma del mare
sembrasse attraente

riuscii a nascondere per un po'
gli artigli, i canini, i corni
annodai le gambe con forza
passai dal crampo al dolore
dal dolore alla tumefazione

seppi modulare la voce in tal maniera
che attrassi di tutto:
marinai,
barche da pesca,
residui plastici,
specie marine che gli scienziati avevano dichiarato estinte

avendo convinto tutto il mondo
cominciai a chiedermi
            perché ho cantato?

Aprendiz de sirena

aprendí a acomodar el cuerpo
para que a lo lejos
y con la bruma del mar
pareciera atractivo

logré esconder por un tiempo
las garras, los colmillos, los cuernos
enredé las piernas con fuerza
pasé del calambre al dolor
del dolor al entumecimiento

supe modular la voz de tal manera
que atraje de todo:
marineros,
embarcaciones pesqueras,
residuos plásticos,
especies marinas que los científicos habían declarado extintas

habiendo convencido a todo el mundo
comencé a preguntarme
      ¿para qué canté?

Analisi

«Tenendo in conto che è lei la sognatrice»
mi dice
come chi ostenti la fotografia
di un'impronta digitale

sappiamo tutti e due che è la mia
la mano che mi sostiene il tallone

tenendo conto che sono io la sognatrice
e che ballo con me stessa
senza potermi liberare
di una coreografia di mia invenzione

tenendo conto del mio carattere di spettatrice indignata
dal ridicolo della messa in scena
dove sono prima attrice e personaggio secondario
nel teatro che ho costruito

e che sostengo la latta vuota di benzina
e il fiammifero che ho lasciato cadere
come chi non voglia saperne
sul telone di velluto
che ho impiegato così tante notti a cucire.

«tenendo conto che è lei la sognatrice»
ripete
come se nelle mie mani si trovasse
la leva che ferma il meccanismo

Análisis

«Tomando en cuenta que es usted la soñante»
me dice
como quien ostenta la fotografía
de una evidencia dactilar

ambos sabemos que es mía
la mano que me sujeta el talón

tomando en cuenta que yo soy la soñante
y bailo conmigo
sin poder zafarme
de una coreografía de mi invención

tomando en cuenta mi carácter de espectadora indignada
por el ridículo de la puesta en escena
donde soy primera actriz y personaje secundario
en el teatro que construí

y que sostengo la lata vacía de gasolina
y el fósforo que dejé caer
como quien no quiere la cosa
sobre el telón de terciopelo
que tardé tantísimas noches en costurar.

«tomando en cuenta que es usted la soñante»
repite
como si en mis manos estuviera
la palanca que detiene el mecanismo

Non so come ottenni un pesce suicida

Non so come ottenni un pesce suicida. Sembrava un animale comune. Per questo motivo scrissi un processo di difesa che inizia dicendo: hai voluto essere acquario. Uno penserebbe che dopo tanto tempo fuori dall'acqua venisse a mancare l'aria, ci fossero mal di testa, irrequietezza, confusione. È stupefacente la capacità della memoria di spandere fumo bianco sulle cose essenziali. "Il tuo pesce si è suicidato", mi disse, e le parve divertente.

*

Per avere figli bisognava che ci venisse fatta un'iniezione al cuore. Madre non voleva farlo, qualcosa la costringeva. Quando non potemmo più rinviare la procedura, ne approfittai per scavalcare un muro e fuggire. Me ne andai a passeggiare tra le bancarelle di abbigliamento mezzo usato che sanno di umido, vestiti sul punto di essere buttati via o pantaloni che hanno alloggiato almeno tre paia di gambe diverse.

*

Era estate quando andai a vedere il dottore. "Venga con me. Per favore, apra la bocca". Certe cose sono fragili come cristalli di ninnoli da fiera. Per questo quando la polvere gli si accumula sopra è meglio soffiare appena, quasi senza stabilire un contatto con la materia. Lui prese un campione della mia saliva e lo ingoiò. Come se questo dovesse alleviarmi o come se con questo si potesse sapere qualche cosa di decisivo su di me. Non replicai. Qualcuno entrò nella bianca stanza e, senza occuparsi di altro, disse: "Molto bene, dottor Fraude, adesso se ne va via da qui".

No sé cómo obtuve un pez suicida

No sé cómo obtuve un pez suicida. Parecía un animal común. A raíz de esto escribí un mecanismo de defensa que empieza diciendo: quisiste ser pecera. Uno pensaría que después de tanto tiempo fuera del agua hay falta de aire, dolor de cabeza, intranquilidad, confusión. Es asombrosa la capacidad de la memoria para echar su humo blanco sobre asuntos esenciales. "Tu pez se suicidó", me dijo, le pareció gracioso.

*

Para tener hijos había que inyectarnos en el corazón. Madre no quería hacerlo, algo la obligaba. Cuando no pudimos retrasar más el procedimiento, aproveché para saltar un muro y escaparme. Me fui a pasear entre los puestos de ropa de medio uso que huele a humedad, vestidos en el paso previo a ser desechados o pantalones que han alojado por lo menos unos tres pares de piernas distintos.

*

Era verano cuando fui a ver al doctor. "Acompáñeme. Por favor, abra la boca". Algunas cosas son frágiles como cristal de adornito de feria. Por eso cuando el polvo se acumula encima es mejor soplar brevemente, casi sin establecer contacto con el material. Él tomó una muestra de mi saliva y se la tragó. Como si eso fuera a aliviarme o como si con eso pudiera saberse alguna cosa decisiva sobre mí. No repliqué. Alguien entró a la blanca habitación y, sin atender a ninguna otra cosa, dijo: "Muy bien, doctor Fraude, se me va de aquí".

*

Ho i problemi miei. Non posso passare il pomeriggio ad avvicinare l'o-recchio all'interno di una conchiglia per decifrare il messaggio reiterato di un mare dal quale adesso mi trovo lontanissima. Non lo hai notato? La domanda sulla causa è una trappola, pensare che avendo avuto prima una certa conoscenza uno avrebbe potuto ridirigere la corrente sulla costa. In ogni caso, questa è l'unica risposta che otterrai: ascolta con attenzione.

*

Dovetti alzarmi, lasciare il posto che prima occupavo accanto a lui. Fu così come cominciai a vagare. Nessuno dei lì presenti mi permetteva di occupare alcun sedile. Nemmeno quello sul quale riposavo. In che cosa potrebbe danneggiarli?, pensai. Ma nessuno si preoccupa dei ragiona-menti di una senzaluogo, *perché per poter reclamare un posto si richiede di averne avuto un altro previamente.*

*

Tengo mis propios problemas. No puedo pasarme la tarde acercando la oreja al interior de un caracol para descifrar el mensaje reiterativo de un mar del que ahora me encuentro lejísimos. ¿No lo has notado? La pregunta por la causa es una trampa, pensar que de haber tenido antes cierto conocimiento uno hubiera podido redirigir el cauce de las costas. En cualquier caso, es esa la única respuesta que obtendrás: escucha con atención.

*

Tuve que levantarme, dejar el sitio que antes ocupaba junto a él. Fue así como empecé a vagar. Ninguno de los ahí presentes me permitía ocupar asiento alguno. Ni siquiera en lo que yo descansaba. ¿En qué puede perjudicarles?, pensé. Pero nadie atiende a los razonamientos de una *sinlugar,* porque para poder reclamar un sitio es requisito haber tenido otro previamente.

Amico cinese

il mio amico Li assicurava di venire dall'estremo oriente
da dove esattamente? gli chiesi
dopo, dopo   diceva ogni volta

non aveva gli occhi a mandorla
era incapace di tracciare un solo ideogramma
parlava un perfetto spagnolo,
sapeva della Cina lo stesso di qualunque essere umano
scelto a caso
in una folla

contro ogni evidenza preferii credergli

mi confondeva moltissimo Li
cinque anni dopo averlo conosciuto
riferiva inattesi dati della sua vita
che lui assicurava di avermi già raccontato

varie volte mi sono chiesta
che razza di potere avessero su di me
i suoi occhi da bambino smarrito

le sue esigenza da monarca
la sua curiosità da nuovo nel mondo

in certe occasioni lui mi cercava
e pronunciando ogni parola con solennità
diceva cose del tipo «Ho — perso — una — penna»
poi mi chiedeva di consolarlo

io tornavo a casa piena di dubbi
era Li un saggio o un sempliciotto?

Amigo chino

mi amigo Li aseguraba provenir del lejano oriente
¿exactamente de dónde? le pregunté
después-después   decía todas las veces

no tenía los ojos rasgados
era incapaz de trazar un solo sinograma
hablaba un perfecto español,
sabía de China lo mismo que cualquier humano
elegido al azar
en una multitud

contra toda evidencia elegí creerle

me confundía muchísimo Li
cinco años después de conocerlo
refería inesperados datos de su vida
que él aseguraba que ya me había contado

varias veces me pregunté
qué clase de poder tenían sobre mí
sus ojos de niño extraviado

sus exigencias de monarca
su curiosidad de nuevo en el mundo

en ocasiones él me buscaba
y pronunciando cada palabra con solemnidad
decía cosas del tipo «Perdí - un - bolígrafo»
luego me demandaba consuelo

yo regresaba a casa llena de dudas
¿era Li un sabio o un simple?

al mi amico piacevano quasi tutte le donne
probabilmente anch'io

non potei mai piangere in sua presenza
e questo che il mio amico cinese espelleva dalla bocca
parole boa constrictor
o parole filo di lametta gillette

il nostro ultimo incontro fu per iscritto
Li mi lasciò un emotivo messaggio: «vieni»
verso casa sua mi distrassi guardandomi un neo
finché si fece notte

a mi amigo le gustaban casi todas las mujeres
probablemente también yo

jamás pude llorar en su presencia
y eso que mi amigo chino expulsaba de su boca
palabras víbora constrictora
o palabras filito de navaja *gillette*

nuestro último encuentro fue por escrito
Li me dejó un emotivo recado: «ven»
rumbo a su casa me distraje mirándome un lunar
hasta que se hizo de noche

Articolo 289

Secondo l'articolo 289 del codice Federale si commineranno da tre a otto mesi di carcere a chi inferisca una lesione che tardi meno di quindici giorni a curarsi — chi la presagisca? chi la intuisca? Inferire significa anche dedurre qualcosa o trarlo quale conclusione da un'altra cosa. A giudizio del giudice, dice.

Dopo l'incontro, io finivo sempre con una ferita, escoriazione o contusione. Una lesione è qualsiasi danno che lasci impronte materiali nel corpo. Le lesioni non mettevano in pericolo la vita della persona offesa. In ogni caso, la cosa difficile da determinare è chi fosse la parte offendente e chi la parte offesa. Questi effetti tardavano a curarsi più di quindici giorni.

Quindici giorni sono la metà di un mese e il tempo che impiega il salario a ripresentarsi. È la settimana moltiplicata per due. Un gruppo di esperti impegnati a osservare ferite per mesi stabilì che le più terribili — l'orrore, la lesione selvaggia — permangono dai sedici giorni in avanti. Quattordici giorni o meno ci si impiega a curarsi, secondo i giudici, dalle conseguenze quasi logiche dell'incontro tra due o più.

Artículo 289

Según el artículo 289 del código Federal se impondrán de tres a ocho meses de cárcel a quien infiera una lesión que tarde en sanar menos de quince días ¿quien la presienta? ¿quién la intuya? Inferir también significa deducir algo o sacarlo como conclusión de otra cosa. A juicio del juez, dice.

Tras el encuentro, yo siempre acababa con una herida, escoriación o contusión. Una lesión es cualquier daño que deje huella material en el cuerpo. Las lesiones no ponían en peligro la vida de la ofendida. En todo caso, lo difícil de determinar es quién era la parte ofensora y quién la parte ofendida. Estos efectos tardaban en sanar más de quince días.

Quince días es la mitad de un mes y el tiempo que tarda en caer la nómina de nuevo. Es la semana multiplicada por dos. Un grupo de expertos dedicado a mirar heridas durante meses determinó que las más terribles —el horror, la lesión descabellada— perduran de dieciséis días en adelante. Catorce días o menos toma sanar, según los jueces, de las consecuencias casi lógicas del encuentro entre dos o más.

Lo spettacolo più importante si svolge accanto a me nella poltrona vuota

Quando mi dicesti che saresti venuto preferii non crederti. Ma insistesti tanto che dubitai dei miei calcoli e autorizzai l'immaginazione. Comprai un paio di biglietti per il teatro. Quando si avvicinava la data non mi dicesti che non saresti venuto, ma è chiaro che tutto sembrava indicarlo. Forse la cosa più indignante fu doverti fare la domanda — a quel punto — ovvia.

Adesso che so che non verrai, adesso che mi è chiaro, non andrò alla cassa a chiedere il rimborso.

El espectáculo más importante ocurre a un lado de mí en el asiento vacío

Cuando me dijiste que vendrías preferí no creerte. Pero insististe de modo tal que dudé de mis cálculos y autoricé a la imaginación. Compré un par de entradas para el teatro. Cuando la fecha se acercaba no me dijiste que no vendrías, pero es cierto que todo parecía indicarlo. Quizá lo más indignante fue tener que hacerte la pregunta —a estas alturas— obvia.

Ahora que sé que no vendrás, ahora que lo tengo claro, no iré a la taquilla en busca de reembolso.

Un pesce

Hai voluto ingoiare un pesce
essere casa, tana, rifugio
ma i pesci vivono negli acquari
o, meglio ancora, nel mare.

I pesci non vivono
in nessuna circostanza
ricordalo sempre
dentro le donne.

Ci fu molta superbia
nell'ambizione ottimista
di diventare un acquario.

Il tuo stomaco non è magazzino
dell'acqua salata che si produce
ogni domenica pomeriggio
oppure ogni mercoledì mattina
nell'area frontale della testa
dietro l'occhio
dentro il pensiero
a un lato del lobo.

Per questo andasti tanto e tanto tempo
— spettacolo più triste —
con un cadavere di pesce nel ventre.

Sta dormendo — dicesti.
e mentre sognavi il sogno di un pesce
immaginasti piroette
elaborasti virtù

Un pez

Quisiste tragarte un pez
ser casa, cueva, refugio
pero los peces viven en peceras
o, mejor todavía, en el mar.

Los peces no viven
bajo ninguna circunstancia
recuérdalo siempre
adentro de las mujeres.

Hubo mucho de soberbia
en la ambición optimista
de convertirte en acuario.

Tu estómago no es almacén
del agua salada que se produce
cada domingo por la tarde
o cada miércoles por la mañana
en el área frontal de la cabeza
detrás del ojo
adentro del pensamiento
a un costado del lóbulo.

Por eso anduviste tanto y tanto rato
        —espectáculo más triste—
con un cadáver de pez en el vientre.

Está durmiendo —dijiste—.
y mientras soñabas el sueño de un pez
imaginaste piruetas
elaboraste virtudes

acquistasti pietre multicolori
                                disposta a ingoiartele
                                che sciocca
per quando il pesce si fosse svegliato

Che cosa farai adesso
                                è la domanda
con tutte questa ostentazione
colorata evidenza
del fallimento?

adquiriste piedras multicolor
                    dispuesta a tragártelas
                    qué tonta
para cuando el pez despertara

¿Qué vas a hacer ahora
                    es pregunta
con toda esa parafernalia
colorida evidencia
del fracaso?

Pallina

Fare palla si chiama l'esercizio prescolare di dare volume e forma sferica a un materiale piano. A partire da questa pratica i bambini imparano a manipolare e riconoscere le forme tridimensionali. Il tatto avverte la presenza, non c'è bisogno di guardare.

*

Una biglia fatta di un materiale misterioso dentro il seno può essere niente, naturalmente. Ma può anche essere un tic-tac memoria/avvertenza/minaccia /domanda. Può essere il falso corallo che possiede i colori, non il veleno.

*

Solo un occhio esperto può distinguere. La paura limita le possibilità di precisione. Di sicuro non è niente, ma è meglio non dirlo a tua madre. Dillo, sì, alla tua migliore amica. Non temere. Vai dal dottore, prendilo sul serio. Non dargli troppa importanza. Prendi un appuntamento, paga gli esami, aspetta sul divano con il telefono in mano. Ma non prestargli troppa attenzione. La preoccupazione danneggia il sistema immunitario, non lo sapevi? Una pallina è inoffensiva a meno che stia dentro il corpo.

Bolita

Boleado se llama al ejercicio preescolar de proporcionar volumen y forma esférica a un material plano. A partir de esta práctica los niños aprenden a manipular y reconocer las formas tridimensionales. El tacto advierte la presencia, no hay necesidad de mirar.

*

Una canica hecha de un material misterioso adentro del seno puede no ser nada, por supuesto. Pero también puede ser tic-tac recordatorio/advertencia/amenaza/pregunta. Puede ser la falsa coral que posee los colores, no el veneno.

*

Solo un ojo experto puede distinguir. El miedo limita las posibilidades de precisión. Seguro que no es nada, pero mejor no le digas a tu madre. Dile, sí, a tu mejor amiga. No temas. Ve al doctor, tómalo en serio. No le des demasiada importancia. Saca una cita, paga los estudios, espera en el sofá con el teléfono en la mano. Pero no prestes demasiada atención. La preocupación afecta el sistema inmune ¿no lo sabías? Una bolita es inofensiva excepto si está adentro del cuerpo.

Pratica di autoamore

Stavo praticando un esercizio
le istruzioni:
«si masturbi dicendosi cose carine
o sporche»
l'importante era, si suppone,
dirmi cose che volessi ascoltare.

Dopo il primo orgasmo piansi
non di allegria né di tristezza.

Al quarto orgasmo
finì la pila del vibratore
proprio quando stavo sul punto
di credere a tutte le cose carine (e sporche)
che avevo montato per me.

Práctica de auto amor

Estuve practicando un ejercicio
la consigna:
«mastúrbese diciéndose cosas lindas
o sucias»
lo importante era, se supone,
decirme cosas que quisiera escuchar.

Después del primer orgasmo lloré
no de alegría ni de tristeza.

Al cuarto orgasmo
se le acabó la pila al vibrador
justo cuando estaba a punto
de creerme todas las cosas lindas (y sucias)
que había armado para mí.

Lumaca

ammetti
    parola così seria, così solenne
che quello che scrivi
siccome esce da te
ha sempre un marchio
    bava di lumaca
con il quale è possibile
    che ci vuoi fare?
seguire la tua traccia

Caracol

admite
    palabra tan seria, tan solemne
que lo que escribes
por salir de ti
trae siempre una marca
    baba de caracol
con la que es posible
    ¿qué le vamos a hacer?
seguirte el rastro

Giudica meno, accetta di più

*Proibito giudicare le banane del mercato dalla loro apparenza un po'
meno gialla di quella delle loro simili o per quelle formazioni mollicce
che denunciano le ammaccature del loro passato. Proibito giudicare i si-
gnori che scatarrano in strada, le signore che dicono alla figlia sei in-
grassata troppo, stai attenta. Quelli che saltano la fila. Quelli che ti
invitano a uscire e poi fanno finta di niente. Proibito giudicare la quan-
tità di aria dentro i pacchetti di Sabritas[1] o la strategia nazionale per
promuovere il turismo e i treni che attraversano le foreste. Proibito giudi-
care dal suo sapore acido il prosciutto che è rimasto più di una settimana
nel frigo. I buchi nei calzettini altrui. I peli sul sapone. Il modo quasi
comico con cui tua zia si disegna le sopracciglia e che le lascia una smor-
fia come se stesse perennemente arrabbiata. Ma dire quasi comico è giu-
dicare, perciò proibito. Proibito anche che una mano sappia quel che ha
dato l'altra. Gli scherzi sono, in fin dei conti, la messa in evidenza
dell'assurdo e anche questo è un modo di giudicare, perciò proibito.*

---

[1] *Popolari patatine fritte e altri snack messicani.*

Juzga menos, acepta más

Prohibido juzgar a los plátanos del mercado por su apariencia un poco menos amarilla que la de sus semejantes o por esas formaciones suavecitas que delatan la magulladura de su pasado. Prohibido juzgar a los señores que esgarran en la calle, a las señoras que le dicen a su hija ya estás muy gorda, ten cuidado. A los que se cuelan en la fila. A los que te invitan a salir y luego se desentienden. Prohibido juzgar la cantidad de aire que traen las bolsas de Sabritas o la estrategia nacional para fomentar el turismo y a los trenes que atraviesan las selvas. Prohibido juzgar por su sabor ácido al jamón que lleva más de una semana en el refrigerador. Los orificios en los calcetines ajenos. Los pelos en el jabón. El modo casi gracioso en que tu tía se pinta las cejas y que le deja un gesto de estar enojada para siempre. Pero decir casi gracioso es juzgar, así que prohibido. Prohibido también que una mano se entere de lo que dio la otra. Los chistes son, a fin de cuentas, la puesta en evidencia del absurdo y eso también es una forma de juzgar así que prohibido.

Pensa meno e senti di più

si tratta di mettere brevemente la mano sulla fiamma della stufa
confermare la presenza insistente dell'ardore

pensa meno, senti di più

si tratta di ignorare la coscienza che il fallimento
il dolore
e il ridicolo
ti hanno lasciato nel corpo
fare di te un'entità vegetale

è permessa la visione periferica
ma è importante evitare le conclusioni
costringiti a sentire
sei un anemone di mare che sopporta bene le acque sporche

se cominci a immaginare cose
        il corpo stesso trasformato in carne arrosto
        la tragedia racchiusa nella materialità,
accendi di nuovo la stufa.
provaci di nuovo
l'unica cosa peggiore di fallire è arrendersi

Piensa menos y siente más

se trata de colocar brevemente la mano sobre la flama de la estufa
corroborar la presencia insistente del ardor

piensa menos, siente más

se trata de ignorar el conocimiento que el fracaso
el dolor
y el ridículo
te han dejado en el cuerpo
hacer de ti una entidad vegetal

está permitida la visión periférica
pero es importante evitar las conclusiones
oblígate a sentir
eres una anémona marina que soporta bien las aguas sucias

si empiezas a imaginar cosas
      el cuerpo propio transformado en carne asada
      la tragedia que encierra la materialidad,
enciende otra vez la estufa.
inténtalo de nuevo
lo único peor que fracasar es rendirse

TODA LA SAL
TUTTO IL SALE

La pena es mucha, madre, ¿qué hago con ella?
la sal sigue moliéndose en la cajita mágica
DENISE LEVERTOV

Il dolore è tanto, madre, che posso fare?
il sale continua a macinarsi nella scatolina magica
DENISE LEVERTOV

$$Na + Cl \rightarrow Na+ + Cl- \rightarrow NaCl$$

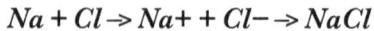

il sale: non comprarlo il lunedì. non lasciarlo cadere. nel caso che si spargesse disegnargli sopra una croce. non rubare al mare conchiglie o chiocciole. salate la casa, i corridoi e i letti delle donne. una struttura cristallina, una formazione cubica molto semplice. sale sole che cosa cerchi, ancora sale? ma se già lo hai. ahi, bimba. vuoi fare come le vacche. che stanno tutto il giorno a leccare un blocco immenso. ti gonfierai. almeno ricorda: non comprarlo il lunedì. il salato al mare.

Na + Cl $\rightarrow$ Na+ + Cl$-$ $\rightarrow$ NaCl

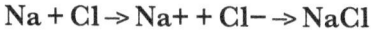

la sal: no comprarla en lunes. no dejarla caer. en caso de que se desparrame dibujarle encima una cruz. no robarle al mar caracoles ni conchas. van a salar la casa, sus corredores y las camas de las mujeres. una estructura cristalina, una formación cúbica muy sencilla. sal sol ¿qué cosa buscas, más sal? pero si ya tiene. ay, niña. tú quieres ser como las vacas. lamiendo un bloque inmenso todo el día. te vas a hinchar. por lo menos recuerda: no comprarla en lunes. lo salado, al mar.

Alcune modalità di estrazione del sale

1: Miniere sotterranee

tempo addietro
            o tempo fa
da circa 500 milioni di anni
quando iniziava a trascorrere il paleozoico
alcuni mari optarono per la quiete
divennero roccia profonda e bianca

per estrarla, per prima cosa occorre scendere
un silenzio possibile solo a novecento metri sottoterra
forse di più
espandere un po' l'abisso ogni giorno

mediante il sistema di camere e piloni
            intercalare
                    quel che sostiene con quel che attraversa

per estrarre tanto sale
bisognerà andare nel buio
verso giù
con certi puntellamenti
evitare il crollo
indovinare le fenditure.

l'antica miniera di Wieliczka
è ora un sito turistico
ci si può travestire da minatore
ti danno una piccozza e una piccola roccia di sale
per provare la durezza
perché tu dica che difficile, che mestiere duro
per poi nel negozio del museo
sospirare: che sollievo essere un turista.

Algunas formas de extracción de la sal

1: Minería de socavón

tiempo atrás
                    o tiempo abajo
hace alrededor de 500 millones de años
muy a inicios del paleozoico transcurrir
algunos mares optaron por la quietud
devinieron roca profunda y blanca

para extraer, lo primero será el descenso
un silencio sólo posible a novecientos metros bajo tierra
quizá más
expandir un poco el abismo cada día

mediante el sistema de cámaras y pilares
                    intercalar
                    lo que sostiene con lo que atraviesa

para extraer tanta sal
habrá que ir a lo oscuro
hacia abajo
con ciertos apuntalamientos
evitar el derrumbe
adivinar las fisuras.

la antigua mina de Wieliczka
es ahora un sitio turístico
uno puede disfrazarse de minero
te dan un pico y una pequeña roca de sal
para probar la dureza
para que digas qué difícil, qué oficio tan arduo
luego en la tienda del museo
suspirar: qué alivio ser un turista.

2: Sali da me[2]

Uno, mordere l'interno delle guance
assaporare la saliva
> *assenza*
> *cavità*

due, praticare la frizione del proprio corpo con un altro
poi leccare
o piuttosto, fare un'infusione
con i resti bianchicci sull'abbigliamento sportivo

tre, ingoiarsi una lacrima

---

[2] *L'originale,* Sal de mí, *vuol dire naturalmente* Esci da me *e non* Sali da me, *come sa chiunque conosca un po' i falsi amici nel passaggio dallo spagnolo all'italiano. Ho tuttavia preferito tradire l'esattezza della traduzione per mantenere il gioco di parole determinato dal duplice significato della parola* sal.

72

2: Sal de mí

Uno, morder el interior de las mejillas
paladear la saliva
           ausencia
           cavidad

dos, practicar la fricción del propio cuerpo con otro
luego lamer
o bien, hacer una infusión
con el rastro blancuzco en la ropa deportiva

tres, tragarse una lágrima

3. Sale marino

in principio fu la vita di un altro tempo
scomposta
poi l'estrazione
trasfigurazione in borsa
recipiente
bottiglia

esiste nel sale marino un rannicchiato mistero
riunione indistinguibile dei tereftalato e acqua
carezza che dal tanto andare e venire dilava
una forma di toccare che fa della quasi fusione
della mescola   qualcosa di inevitabile

nella discreta presenza delle microplastiche
si annida la galassia di ciò che fu
coincidenza temporale
rincontro di migliaia di esseri desideranti
il mare come un gran tappeto
dove conservare tutta questa polvere
di cui non sappiamo che cosa fare

rifiuto è tutto ciò che una volta usato dà fastidio
dà quasi vergogna   e se ti vidi, non me ne ricordo
ci mangiammo quel che cerchiamo di dimenticare
eterno ritorno di quel che già non

c'è un po' d'ingenuità in ogni intenzione di oblio
così ogni cosa tirata all'indietro
torna, ci cola lungo il corpo

3: Sal de mar

en el principio fue la vida de otro tiempo
descompuesta
luego la extracción
transfiguración en bolsa
recipiente
botella

existe en la sal de mar un agazapado misterio
reunión indistinguible de tereftaltato y agua
caricia que de tanto ir y venir deslava
una forma de tocar que hace de la casi fusión
de la mezcla   algo inevitable

en la discreta presencia de los microplásticos
anida la galaxia de lo que fue
coincidencia temporal
reencuentro de miles de seres deseantes
el mar como una gran alfombra
a donde guardar todo ese polvo
con el que no sabemos qué hacer

deshecho es aquello que una vez usado incomoda
avergüenza casi   y si te vi, no me acuerdo
nos comemos aquello que tratamos de olvidar
eterno retorno de lo que ya no

hay un poco de ingenuidad en cada intención de olvido
así cada cosa echada hacia atrás
vuelve, se nos cuela en el cuerpo

passiamo di lì con l'innocenza del pesce
che assaggia il proibito frutto del polistirene

disconosciamo la letalità
ignoriamo che cos'è che si installa
e quale tra le cose sta lì solo per passare di sfuggita
lo sappiamo dopo
tante volte troppo tardi

quello che sì sappiamo è questo:
la tossicità dipende sempre dalla dose
le dimensioni del rospo e dello sballo
la differenza è molta o tutta

è un principio elementare della tossicologia:
un sassolino nella scarpa o un colpo letale

la vita utile   estremamente breve
di una busta di plastica
ci avverte
è nel peccato che si immagazzina la penitenza

ci sopravvivrà il tereftalato de polietilene

vamos por ahí con la inocencia del pez
que prueba el prohibido fruto de poliestireno

desconocemos la letalidad
ignoramos qué es lo que se instala
ni cuál de las cosas está ahí solo para pasar de largo
lo sabemos después
tantas veces demasiado tarde

lo que sí sabemos es esto:
la toxicidad depende siempre de la dosis
el tamaño del sapo y la pedrada
la diferencia es mucha o toda

es un principio básico de la toxicología:
una piedrecita en el zapato o un golpe letal

la vida útil   extremadamente breve
de una bolsa de plástico
nos advierte
es en el pecado donde se almacena la penitencia

nos sobrevivirá el tereftaltato de polietileno

Conservatore

Una forma di memoria. Dire al tempo dai, dai, un poco più lentamente. Legare una caviglietta alla morte. Non istante ma istallazione. Dire ai minuti e ai giorni che fretta c'è. Abbindolarli. Anche se alla fin fine l'assenza. Il processo di decomposizione. Ma intanto, far come se.

Conservador

Una forma de memoria. Decirle al tiempo ya-ya un poco más despacio. Amarrarle un tobillito a la muerte. No instante sino instalación. Decirle a los minutos y días cuál es la prisa. Engatusarlos. Aunque a final de cuentas la ausencia. El proceso de descomposición. Pero mientras, haz de cuenta.

Metodo di cura

Chiamano salamoia la preparazione di acqua e sale. Un rimedio antico per sanare ferite all'interno della bocca. Un molare che fuoriesce, per esempio. Per evitare l'infezione della gola, sciogliere in un bicchiere d'acqua un cucchiaino di sale. Breve simulacro di mare in cucina. Poi fare gargarismi. Fingere l'affogamento a un passo ma controllato. Il liquido va oltre la lingua, solo fino alla porta della gola, e lì, grazie al borbottio, si prende gioco della possibilità della morte, della decomposizione, della pestilenza che provoca la parola non detta. Il sale calma il sangue irritato nel corpo, l'acqua permette che scivoli lungo il cavo orale. La parola incastrata non esce, ma nemmeno marcisce. Rimane lì in conserva come una sardina o un'oliva che uno si porta ovunque.

Método de curación

Le llaman salmuera a la preparación de agua y sal. Un remedio antiguo para sanear heridas adentro de la boca. Una muela fuera, por ejemplo. Para evitar la infección de garganta, disolver en un vaso de agua una pequeña cucharada de sal. Breve simulacro de mar en la cocina. Luego hacer gárgaras. Fingir el ahogamiento próximo pero controlado. El líquido va más allá de la lengua, sólo hasta la puerta de la garganta y ahí, mediante el borboteo, se burla de la posibilidad de la muerte, de la descomposición, de la pestilencia que provoca la palabra no dicha. La sal calma la sangre irritada del cuerpo, el agua permite que se deslice por la cavidad bucal. La palabra atorada no sale, pero tampoco se pudre. Permanece ahí en conserva como una sardina o una aceituna que se lleva a todas partes.

Il meccanismo della sete

Como so di avere davvero sete
quando mi alzo per andare a prendere un bicchiere d'acqua?
diffido del segnale dei miei osmorecettori
per cui sorreggo il bicchiere con una sorta di fede

mentre apro il rubinetto e riempio un bicchiere d'acqua
penso: questo senza dubbio va bene
la calma del gesto semplice
innocuità universale senza spazio per il sospetto

immagino le mie antenate sorridere
a mia madre, alla mia dottoressa,
agli uomini che ho amato
saranno tutti d'accordo su questo

immagino le suore della scuola
la venditrice di giornali che ho salutato ogni mattina.

forse bere acqua è l'unica cosa che si può fare
con la garanzia di non provocare distruzione

non so se ho sete
ma mi aggrappo all'innocuità
di tutto il resto dubito.

El mecanismo de la sed

¿Cómo sé que en verdad tengo sed
cuando me levanto por un vaso de agua?

desconfío de la señal de mis osmorreceptores
así que sostengo el vaso con una especie de fe

mientras doy vuelta a la llave y lleno un vaso de agua
pienso: esto sin duda está bien
la calma del gesto simple
inocuidad universal sin lugar para la sospecha

imagino a mis ancestras sonreír
a mi madre, a mi doctora,
a los hombres a los que he amado
todos estarán de acuerdo en esto

imagino a las monjas de la escuela
a la vendedora de periódicos que saludé cada mañana.

quizá tomar agua sea lo único que puede hacerse
con la garantía de no provocar destrucción

no sé si tengo sed
pero me aferro a la inocuidad
de todo lo demás dudo.

Pulmonata[3]

La sera che la incontrai
io sapevo
conoscenza acquisita chissà dove
che cosa poteva succedere.
Nessun testimone nel giardino di casa.
Io sapevo, ma volevo vedere.

Forse per questo andai alla credenza
e presi la fiala adesso con meno sodio.

La sua agonia durò abbastanza
da poter far capire
l'altissimo prezzo di certi esperimenti
di questa politica di sentire tutto.

Vorrei dire quel giorno imparai
ma ci sono ancora occasioni
nelle quali la realtà,
con la bellezza e l'orrore dei suoi movimenti,
mi afferra con la fiala di sale in mano

---

[3]   Pulmonata (Cuvier in Blainville, 1814) è un ordine di molluschi gasteropodi. Più
    semplicemente, si tratta delle chiocciole di terra.

84

Pulmonata

La tarde en que la encontré
yo sabía
conocimiento adquirido quién sabe dónde
lo que podía pasar.
Ningún testigo en el jardín de la casa.
Yo sabía, pero quería ver.

Quizá por eso fui a la alacena
y tomé el frasco ahora con menos sodio.

Su agonía duró lo suficiente
como para advertir
el costo altísimo de ciertos experimentos
de esta política de sentirlo todo.

Quisiera decir que ese día aprendí
pero todavía hay ocasiones
en las que la realidad,
con la belleza y el horror de sus movimientos,
me atrapa con el frasco de sal en la mano.

QUISCALUS MEXICANUS
GRACCHIO MESSICANO

Lo que ha de suceder tiene gran fuerza.

Quel che deve accadere ha grande forza.

MARÍA CANDELARIA REJÓN

per riprodurre la scena del sogno
sarà necessario che Isabel stia
distesa supina
sul letto di sua nonna

realizzeranno i rituali tipici di chi si prepara a dormire

vestiario (bimba): un accappatoio con le seguenti caratteristiche:
che non corrisponda alla sua taglia
con l'odore del legno di cedro e squame di sapone bianco

che si sia asciugato ballando al vento sotto l'albero di mango

al centro della parete un cristo
con abbondanti spine di plastica
distribuite in lungo e largo sulla croce

all'altro lato, finestra con vista sulla limonaia
vicino al letto — isola dalla quale nonna e nipote riordinano il mondo —
un'amaca con un fagotto di grandezza media
è la sorella che dorme nell'universo accanto

para reproducir la escena del sueño
será necesario que Isabel se encuentre
tendida boca arriba
en la cama de su abuela

realizarán los rituales típicos de quien se alista para dormir

vestuario (niña): una bata con las siguientes características:
que no corresponda con su talla
con olor a madera de cedro y escamas de jabón blanco

que se haya secado bailando al viento bajo el árbol de mango

al centro de la pared un cristo
abundante en espinas de plástico
distribuidas a lo largo y ancho de la cruz

del otro lado, ventana con vista al limonero
cerca de la cama —isla desde la que abuela y nieta reordenan
el mundo—
una hamaca con un bulto de tamaño mediano
es la hermana que duerme en el universo de al lado

(solo scenografia, nessuna attrice sarà contrattata per interpretare questo ruolo)

quello che sullo scenario si presenta
per dirlo in qualche maniera, il luogo di ritorno

in posizione orizzontale si formulano le domande importanti
la banalità di maggior gtrascendenza

Isabel, quella della realtà su due piani

(lenzuolo sopra)
: credo che prenderò un buon voto all'esame di matematica

(lenzuolo sotto)
tra le mani un quiscalus mexicanus */ una specie di uccello passeriforme, o meglio, quegli uccelli neri che trovi in tutti i parchi / quelli che si spostano facendo saltelli / quelli che nei giorni calorosi*

rubano l'acqua dai tubi di gomma / occhio gialli e piume di un nero iridescente / così liberi / orgogliosi padroni di quello che non possiedono / si definisce piaga ciò che si adatta e moltiplica senza chiedere permesso né aiuto / hanno ancora la sfacciataggine di essere una specie

(solo escenografía, ninguna actriz será contratada para
desarrollar este papel)

lo que sobre el escenario se presenta es,
por decirlo de algún modo, el lugar de retorno

en posición horizontal se formulan las preguntas importantes
las banalidades de mayor trascendencia

Isabel, la de la realidad en dos planos

(sábana arriba)
: creo que me sacaré una buena calificación en el examen
de matemáticas

(sábana abajo)
entre las manos un *quiscalus mexicanus* / una especie de ave pa-
seriforme, o bien, esos pájaros negros que están en todos los par-
ques / los que se trasladan dando saltitos / aquellos que en días
calurosos

roban el agua de las mangueras / ojos amarillos y plumas de un
negro iridiscente / tan libres / orgullosos dueños de lo que no
poseen / se le llama plaga a lo que se adapta y multiplica sin pedir
permiso ni ayuda / todavía tienen el descaro de ser una especie

territoriale / è l'astuzia di chi prende una mollica di pane senza ringra-
ziare nessuno / non hai l'impressione che si burlino di tutti noi?

la bimba procederà a smembrare l'uccello per sezioni
prima il collo minuto

non dovrà temere che il crac delle ali
portate fuori dalla loro posizione la denunci
l'uccello, consegnato a un ovvio destino,
 non opporrà resistenza

uccello e bimba
ai avvicinano alla missione
come a un rito di passaggio

la rassegnazione dell'animale farà dubitare Isabel
pensa: nessuno può offrirsi con tanta scioltezza alla sua propria
distruzione

Il procedimento continua
crac del collo
: a scuola vado bene
crac delle ali
: mi sono fatta una nuova amica quest'anno

territorial / es la astucia de quien toma una miga de pan sin
agradecer a nadie / ¿no te da la impresión de que se burlan de
todos nosotros?

la niña procederá a desmembrar al ave por secciones
primero el cuello diminuto

no deberá temer que el crac de las alas
llevadas fuera de su posición la delate
el ave, entregada a un destino obvio
 no opondrá resistencia

ave y niña
se aproximan a la tarea
como a un rito de paso

la resignación del animal hará dudar a Isabel
piensa: no hay quien se entregue con esa soltura a la destrucción
propia

el procedimiento continúa
crac del cuello
: en la escuela me va bien
crac de las alas
: hice una nueva amiga este año

crac delle costole
: i miei già quasi non litigano più
crac non specificato
: sul serio, nonna

nonostante il buio, Isabel deve concentrarsi sul gesto del proprio volto
un viso sereno darà come risultato una voce tranquilla

una voce da non succede niente
strappare le piume non produrrà alcun rumore
fare quel che si deve non scandalizza nessuno

Isabel reciterà guidata dalla necessità
inizierà come se alla fine dovesse incontrare la pace
la calma che porta il silenzio
fare quel che tocca fare non genera alcuno scandalo

sarà necessario che Isabel si concentri

non lasciare indizi che quello era stato un uccello
trasformarlo tutto in pezzi
elementi che anche appartenendo
al campo semantico degli uccelli
non possano riconoscersi come unità

crac de las costillas
: mis papás ya casi no se pelean
crac no especificado
: en serio, abue

a pesar de la oscuridad, Isabel debe concentrarse en el gesto
                                               de su cara
un rostro sereno dará como resultado una voz tranquila

una voz de no pasa nada
desprender las plumas no producirá ningún ruido
hacer lo que corresponde no escandaliza a nadie

Isabel actuará guiada por la necesidad
arrancará como si al finalizar fuera a encontrar la paz
la calma que conlleva el silencio
hacer lo que toca hacer no genera ningún escándalo

será necesario que Isabel se concentre

no dejar pista de que aquello fue un ave
convertirlo todo en piezas
elementos que aun perteneciendo
al campo semántico de las aves
no puedan reconocerse como unidad

un'ala non è un uccello
un becco non è un gracchio
una zampa non è un corvo

quel che segue dovrà eseguirsi nel modo più vicino alla spontaneità
così che avvolgere con le dita la piccola testa dell'uccello e tirare siano
una sola cosa

dinanzi al compimento del dovere non c'è spazio per la sorpresa

strano sarà per Isabel
che un movimento così brusco
non susciti sospetti
se ci saranno dubbi, la bimba riprenderà la conversazione banale
o farà una domanda di cui conosce già la risposta

dovrà trattenere il desiderio di presenziare al disastro
è lunga la lista di donne che hanno rovinato tutto per voler guardare

Isabel si affiderà al senso del tatto
strapperà un pezzo che resta dell'ala
saprà che questo è ogni volta meno uccello
si avvicinerà alla fine

un ala no es un pájaro
un pico no es un zanate
una pata no es un kau

lo siguiente deberá ejecutarse de la forma más cercana a la
                                                espontaneidad
de modo que envolver con los dedos la pequeña cabeza del
                            pájaro y tirar, sean una misma cosa

ante el cumplimiento del deber no hay lugar para la sorpresa

lo raro será para Isabel
que un movimiento tan brusco
no despierte sospechas
por si las dudas, la niña retomará la conversación trivial
o hará una pregunta cuya respuesta conozca

tendrá que aguantarse las ganas de presenciar el desastre
es larga la lista de mujeres que lo han arruinado todo por mirar

Isabel confiará en el sentido del tacto
arrancará un pedazo restante de ala
sabrá que eso es cada vez menos pájaro
se acercará al final

solo fino a che non resti un pezzo di uccello attaccato all'altro,
comincerà a preoccuparsi per la catastrofe di sangue e piume
solo fino ad allora percepirà il tatto di un liquido caldo sulla pelle

una mano invisibile attiverà l'interruttore della luce
: che cosa stai facendo, Isabel?
prima di scrutare il volto di sua nonna, la bimba solleverà il lenzuolo
    (lì non dovrà esserci sangue, piume né tracce di uccello)
dinanzi alla vista della superficie immacolata
sovverrà il terrore
passa un decennio
un'altra versione dello stesso corpo
stanza diversa
vestiario (donna): abito confezionato a strati di merletto e ricamo
                    orecchini in prestito

l'urgenza di un appuntamento improrogabile

nemmeno quella mattina sollevando il lenzuolo ci sono state piume
sovviene il terrore
fare quel che si deve non scandalizza nessuno.

solo hasta que no quede una pieza de ave pegada a la otra,
comenzará a preocuparse por la catástrofe de sangre y plumas
solo hasta entonces percibirá el tacto de un líquido caliente
sobre la piel

una mano invisible activará el interruptor de la luz
: ¿qué estás haciendo, Isabel?
antes de escrutar el rostro de su abuela, la niña levantará la
                                                    sábana
 (ahí no deberá haber sangre, plumas ni rastro de pájaro)
ante la visión de la superficie inmaculada
sobrevendrá el terror
transcurre una década
otra versión del cuerpo propio
habitación distinta
vestuario (mujer): vestido confeccionado en capas de encaje y
tul bordados
                    aretes en préstamo

la urgencia de una cita impostergable

esa mañana al levantar la sábana tampoco hubo plumas
sobreviene el terror
hacer lo que corresponde no escandaliza a nadie.

EL CATÁLOGO DE LAS HERIDAS

Hay una secuencia de negaciones en las páginas de *Aproximaciones sucesivas*, una serie de *no*, de vez en cuando intercalados por un *nunca más*, un *ningún* o *algún ni siquiera:*

Mi madre planeaba otro nombre para mí / no se lo permitieron
Nunca más / tu nombre / en vocativo
la palabra no dicha
la sal: no comprarla en lunes. no dejarla caer.
Ninguno de los ahí presentes me permitía ocupar asiento alguno.

En el *Bilndungsroman* que parece desarrollarse bajo nuestro ojo un poema tras otro, la construcción de la personalidad descrita, la forma de su ser y su experiencia existencial atraviesan un espacio espectral donde la prohibición no es tanto un mandamento ético o religioso si bien una advertencia continua, hasta cariñosa y preocupada, como si quien cuida de nosotros, padres, familiares, maestros, compañeros, prefiriese prepararnos a un futuro en el cual las posibilidades quedan tan limitadas que evitar esperanzas infundadas es la mejor forma de autodefensa.

De la negación se procede hacia la conciencia de la ruptura, de algo torcido, de una armonía y de una simetría heridas, que necesitan *fajas, cinturones, corsés, plantillas, / clases de natación, cama ortopédica, / zapatos especiales.* Son *accidentes geográficos* de la anatomía. La poeta psicóloga investiga con versos cortos, rapsódicos, a veces ellos mismos voluntariamente asimétricos, el movimiento sinusoidal (serpiente o curva escoliótica) que se produce dentro de la niña y luego de la mujer, a menudo frente a un espejo, real o representado por una mirada ajena, que restituye una permanente imagen de imperfección.

La poesía no cura, no sana, ya lo aprendimos desde años, más allá de la fácil retórica que busca (o finge) aún a veces convencernos de lo contrario. No es entonces terapéutica la escritura de Lolbé González Arceo, y por suerte: deja en cambio un rasgo de desolación, cuenta con voz cansada lo que es el arrastrarse en la cotidianidad de nuestras existencias, la soledad, la fuga, el intento fracasado de reconocerse en el próximo, quien al final no vendrá al teatro con nosotros, no ocupará la butaca al lado nuestro.

El pez suicida, la mujer pecera, un amigo que se cree o quiere pasarse por chino son negaciones de una identidad inalcanzable, el tema más importante en nuestra contemporaneidad: inútil intentar cristalizarnos en una categoría inmutable, somos seres proteiformes, como el agua que adopta cada vez la distinta forma de su pecera-prisión.

La presencia de la sal, en la segunda parte del libro, desconcierta y desplaza el centro de la atención. La sal es materia primordial, surje de las profundidades ya sea de la tierra y del mar, y como tal no es solamente el rasgo de un mundo hecho fósil, sino también de lo que en nuestra interioridad yace escondido y nunca definitivamente resuelto —de la misma manera que, si mis recuerdos de física y química no me engañan, nunca un puñado o una cucharada de sal desaparecen del todo cuando se disuelven en un vaso de agua. Incluso observando con una lupa o hasta con un microscopio ya es imposible individuar la sal: agua y sal forman a esa altura una mezcla homogénea e inescindible.

una forma de tocar que hace de la casi fusión
de la mezcla   algo inevitable

Por lo tanto, la sal es metáfora sutil de una evolución existencial que toma sus rumbos, en un contexto casi exclusivamente habitado por mujeres, sin nunca renunciar a la memoria incrustada en la infancia, en la adolescencia, en los rituales del pasado.

Demasiado fácil sería interpretar la última parte, *Quiscalus mexicanus*, como una puesta en escena de una Pasión redentora, donde el ave interprete el papel de un Cristo capaz de asumirse todo el dolor de los personajes, en particular de la figura femenina que narra o escribe en primera persona, para dejarla nuevamente limpia y pura, devuelta al estado infantil, aunque al *costo altísimo* de la propia vida, de la propia entereza corpórea desintegrada, despedazada con crueldad.

Dudo personalmente que así sea: el espectáculo de la niña en la cama que juega con la grácula mejicana como si fuese una muñeca y le arranca una pieza tras otra es más bien la personificación de la ausencia de significado de la cual he hablado al principio de este texto, de la absurdidad de la existencia que transcurre sin que seamos realmente capaces de determinar un núcleo claro y unívoco.

La palabra que cierra el poemario es nuevamente parte de la secuencia nihilista: *nadie*.

hacer lo que corresponde no escandaliza a nadie.

Haber arrancado un pedazo tras el otro al ave, haber destruido su entereza de especie animal, replicando lo que había hecho la *Gallina cronos* con las cáscaras de los huevos, no ha servido de nada. No ha habido metamorfosis completa en la existencia de la antigua niña. No hubo sacrificio redentor, la respuesta sigue siendo *no, nadie, ninguno, ni siquiera, nunca más.*

La poesía no nos ha salvado, pero tampoco ha intervenido en vano. Nos ha permitido y nos permite contribuir a la construcción de un catálogo de nuestras manías, debilidades, fracturas interiores, porque finalmente

lo único peor que fracasar es rendirse.

SILVIO MIGNANO
Berna, 2023

ÍNDICE

APROXIMACIONES SUCESIVAS | LOLBÉ GONZÁLEZ ARCEO

Made in Miami Beach ~ Printing as needed

◊◊◊

2024